नारी-स्पर्श

बस कह नहीं पाए

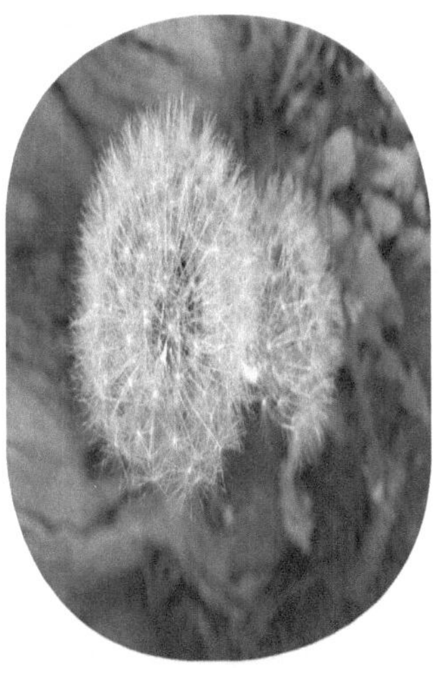

ऋतु कुलश्रेष्ठ

Copyright © Ritu Kulshrestha 2023
All Rights Reserved.

ISBN 979-8-89026-672-9

This book has been published with all efforts taken to make the material error-free after the consent of the author. However, the author and the publisher do not assume and hereby disclaim any liability to any party for any loss, damage, or disruption caused by errors or omissions, whether such errors or omissions result from negligence, accident, or any other cause.

While every effort has been made to avoid any mistake or omission, this publication is being sold on the condition and understanding that neither the author nor the publishers or printers would be liable in any manner to any person by reason of any mistake or omission in this publication or for any action taken or omitted to be taken or advice rendered or accepted on the basis of this work. For any defect in printing or binding the publishers will be liable only to replace the defective copy by another copy of this work then available.

मेरे पूजनीय माता पिता को समर्पित ।

यह कृति मेरे बच्चों' अदवीत' और 'अनुष्का' के नाम ।

मेरी तीसरी कृति को अपना क़ीमती
समय देने के लिए बहुत धन्यवाद !!

आपके प्यार के लिए दिल से आभारी । मेरा अस्तित्व
का ताना बाना एक आम घर की तरह माँ, बहन, बेटी,
दादी, ताई, चाची, बुआ, मामी, भाभी, सखी, ननद,
सास के अनुभवों, प्यार दुलार और डपट से
से लबरेज़ है । यह कृति उन्हीं को
समर्पित ।

सहृदय धन्यवाद !!

विषयसूची

भाग १ प्रीत

विषयसूची

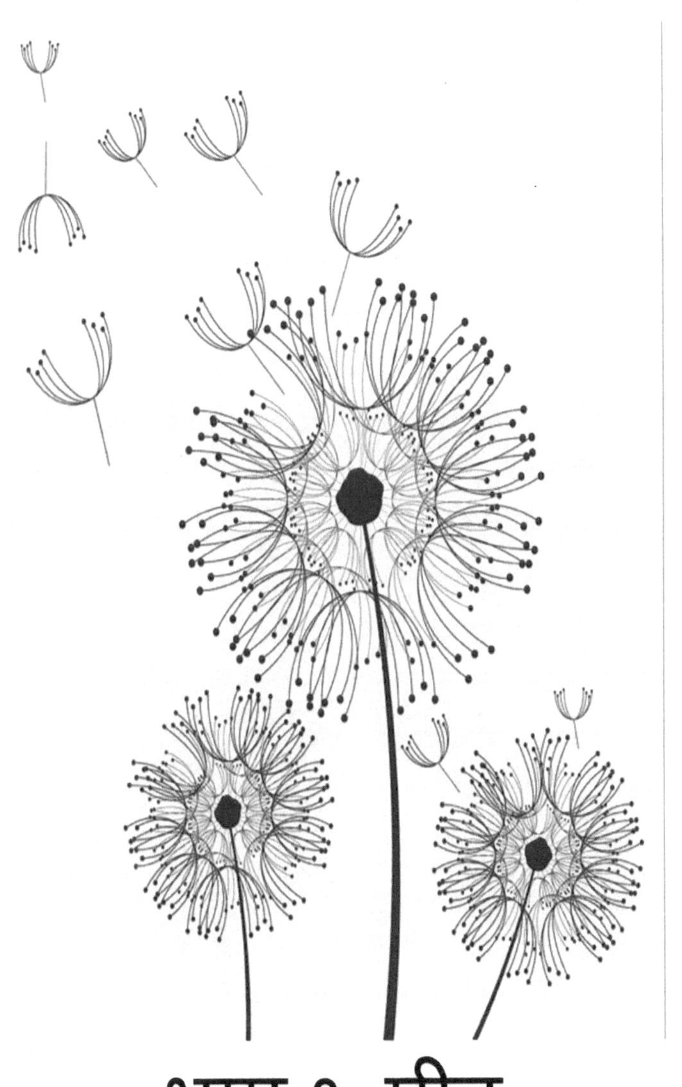

भाग १. प्रीत

तुम्हारा साथ

जब कोई भी रिश्ता जुड़ता है,
वो सफ़ल होगा या नहीं इसका डर मन में
रहता ही है। यह डर बता नहीं पाते, बस महसूस कर सकते है।

देहरी साझा कर आई हूँ
मुख पे मुस्कान और दिल में प्यार लायी हूँ
एक साथी के साथ के सपने
जीवन में सम्मान के सपने
साथ चलने और सच बोलने के वादे के साथ
मर्यादा और सम्मान के दायरे
अपनी जगह बनाने की आशा
मन में उपजे विचार को दिशा
तुम, वजह हो यहाँ होने की
अपनी जवाबदारी तो बतानी होगी
काम में कोताही नहीं पर तनातनी नहीं
कुछ बुरा लगे तो तुमसे बोलने की आज़ादी
बहुत प्यार हो जो कभी कम न हो
मेरी परवाह और साथ की चाह रहे
बस यूँ ही जीवन में आगे बढ़े
हाथों में हाथ और तुम्हारा साथ हो हमेशा ।

साथ...

बस रास्ते में कांटे है
एक हटाते हुए दूसरा चुभ ही जाता है
बस ऐसे ही कट जाते है रास्ते
राह वो चुनी जिसमें फूल थे यह सोच कर
बस गौर आज किया
कभी फूल भी काँटों से अलग हुए है क्या!!

प्यार आता है ...!

कभी कभी प्रिय की याद बहुत तीव्र होती है । उस समय लगता है उसका समय सिर्फ़ मेरा होना चाहिए...लेकिन/ किन्तु/परन्तु समझा नहीं पाते...बस ।

आसान नहीं है तुमसे दूर रहना
कहीं यह मन लग नहीं पाता
कोई लुभा नहीं पाता
एक लम्हा सदी सा लगता है
हर जगह तुम्हारी महक है
हर काम तुम्हारी पसंद का होता है
तुम पर गर्व होता है
अपनी पसंद पर रोब आता है
बिजली सी सिरहन दोड़ जाती है
एक अनोखा एहसास होता है
तुम पर बहुत प्यार आता है
जालिम नौकरी ने दूर कर दिया
तुम्हारी बाहों में छिपने को जी चाहता...।

उफ़्फ़

कौन उन शामों का हिसाब रखता है
सिवाय इन मनचली यादों के !!

मज़ा

बहुत सी मुश्किलें साथ में पार की होंगी.... तब कही
जीवन बह रहा होता है ।

यह जान पहचान बरसो पुरानी है
सारी बात आँखों में हो जाती ही
तेरी मेरी प्रीत का प्रतिक है
यह अटूट रिश्ता
आ बैठ ...! थोडा सुस्ता ले फिकर को उड़ दे
रेतीली ज़मीन पे भी मज़ा है लोगो को दिखा दे ... साथ
चलते हो तुम मेरे हमसफ़र एकदूसरे की खामियों के
राज़दार भी बनते है
एक दूसरे की सीढी, तो कभी ढाल बनते है
आँखों की इशारे कभी आँसू की वज़ह भी बनते है ...
कभी थोड़ी शरारत कभी मुस्कान रहा आसान कर देती है।

फ़िज़ा

आज फ़िज़ा का रंग बहुत तल्ख़ है
जाने कैसे दिल का हाल इसे समझ में आ गया
चलो सही है कोई तो हमराज़ है ।

हर पल आपका इंतज़ार रहता है...!!

खुद को परखने और सहन करने की ताकत बताता है ।
मन और दिमाग की लड़ाई होती है। और मन के जितने
पर खुशी होती है ।

दिल उदास होता है
तब ही वह तुम्हारे पास होता है
आँखें पथरा गयी है तकते तकते
अब नहीं इनमे इंतज़ार होता है
गौर करते बेरुखी तो सह लेते है हम
अपनों से मिला दर्द दुश्वार होता है
हम तो लायक नहीं थे आपके
दर बैठे अब कहाँ एहसास होता है
हर पल आपका इंतज़ार रहता है
पता नहीं तुम कहाँ हो
जाने क्यों दिल के करीब लगते हो
मेरे प्यार तुम्हारे लिए हमेशा है
हमेशा यह पर किन्तु परंतु
बीच में आ ही जाता है ।

पलट जाओ...!!

जी नहीं सकते तुम्हारे बिना...
जी हज़ूरी भी नहीं कर सकते...
बीच रास्ते पे है...इंतज़ार में
काश !! तुम पलट जाओ...।

गुलाबी धूप

सबसे पसंदीदा मौसम ...और दिल का करीब वो याद ...।

यह गुलाबी फिजा मदमस्त सी चाल का कोई नहीं संभल

गुलाबी ठण्ड और वो बचपन की याद

चाय की प्याली और गुनगुनी धुप में फुरसत के पल का

इंतज़ार

घर में गप्पे के ठहाके खिलखिलाते से चहरे

तिल कि महक और गज़क का स्वाद

पिन्नियां(अट्टे के मेवा वाले लाड़ू) का बड़े डब्बे में बांध

जाना

गाजर के हलवे की खुशबू में डूब जाना

गरम चाय के कई दौर होना

कभी मटर के, कभी मूँगफली को छिलते मन की बात

बताना

बाबा की बाल्टी का पानी और धूप के साथ आँख

मिचौली खलेना

स्वेटर बुनती दादी कि छवि...

ऊन से खेलते भाई बहिन कि मस्ती

सुबह जल्दी न उठना रजाई में मुँह दुबकाये सोना

पापा का दुलार से उठाना

बहुत याद आता है सर्दी का फ़साना

रजाई में पढ़ना और पढ़ते पढ़ते सो जाना

नहाने के लिए सोचना और सोचते ही रह जाना
दाल रोटी कि जगह माँ को रोज़ नयी फरमाईश करना
लाइट बंद करने के लिए कभी रोज़ नए बहाने से किसी को
बुलाना
सब पिटारे यादों के बन गए
पर बहुत सताता है जाने क्यों वो वक़्त याद आता है
आज गुनगुनाती धुप गुनगुना नहीं रही
वो ठहाके पीछे छूट गए
समय कब रुका है
वो मेरी याद है, यह यह आज, कल बच्चों की यादों का
पिटारा बन जायेगा ।

इज़हार

तेरे खयालो की ख़ुमारी में सब गवां बैठे

तेरे प्यार की लौ में खुद को जला बैठे

तेरे इंतज़ार में कान लगा बैठे

तेरे प्यार में खुद को गवा बैठे

एक इज़हार की राह में सर झुका के बैठे है ।

बच्चे की मुस्कान

माँ बनाना एक नेमत है, करिश्मा कुदरत का है...इसको
निभाना बहुत

लेकिन हर माँ के पास अपनी एक कहानी कहने
को होती है।
बच्चे की मुस्कान में जहन समाया है
सुबह शाम की घडी को उसके हिसाब से चलाया है
कभी यह मुस्कान, दिन बना देती,
कभी गुस्सा, काफूर कर देती
मेरी हँसी का हँस कर जवाब देते तो गद गद हो जाती
हमेशा खिलता रहे मुख प्यारा
माँ की अपार ममता का मतलब अब समझ आया
हर पल उसको खुश देखने के चाह है
हर माँ के दिल की आवाज़ एक होती है बस उसे सुनाने
वाले कान चाहिए
आईना न देखना, बिखरे बाल,
बेवक़्त उठना, संभालने, समय पर सब करना अपनी नींद
के बिना परवाह के कुछ नया कर जाना
यह विधान है, खुद माँ बन कर ही इस एहसास को जिया
जा सकता है ।

❧

फेहरिस्त

लेखन की धार चली गयी, प्यार की बयार खो गयी
जिंदगी एक रूटीन की मोहताज हो गयी
अरमानो की टोकरी कोने में रखी मुँह चिढाती है
काम की फेहरिस्त रोज़ बढ़ती जाती है.... ।

बाबुल तेरी छाँव छोड़ चली

बचपन का शब्द आते ही एक अच्छी भावना जगती है,
और उसकी झलक दिख जाती है... ।

बचपन की अठखेलियों में साजी यादों के साथ लिए
तेरे प्यार की खुशबु को नयी दुनिया में फैलाने
तेरी कहानियों की सीख से पराये घर को अपनाने के लिए
हर कदम तेरी याद मेरे साथ है
तेरे ही अक्स की हर शख्स में तलाश है
तेरी देहरी ने करा मुझे पराया है
फिर भी न जाने क्यों तुझे ही पास पाया है
आँखों में तेरी छवी की कोई मिसाल नहीं
तेरी बिना मेरी कोई अगुवाई नहीं
आज इतने बरस बाद भी नेहर की याद से भीगा है मन
बरस बीतने पे असर गहरा होत्ता है
न तेरे पास थी जब तूने मझे बुलाया
क्यों कर दिया मुझे इतना पराया ?
अरसे से नेहर की याद मन में छुपी है
नहीं कोई ठोर तेरे आस की बिना कोई नहीं इतना प्यार दे
पाया
तेरे निश्चल प्यार ने बचपन के दुलार ने-- नहीं होने देता है
मुझे बड़ा
आज तेरे किस्से से मेरा घर महका है

जन्मदिन को कितना यादगार बनाया है
आज तेरे जन्मदिन मैंने सच्चे मन से याद किया है
न जाने यह नमकीन आंसू क्यों निकल गए
तेरी मीठी यादों को ही केक बना के सुख पा लिया है
जो तुने दिया उसके बदले हमेशा के लिए दूर जाना मांग
लिया है
इस रीत की दिवार को कोई लाँघ न पाया
तेरी खुशबू ने मुझे महकाया
बचपन की अठखेलियों में साजी यादें ले
बाबुल तेरी छाँव को छोड़ चली मैं ।

तस्वीर

उकर आई तस्वीर आईने में
बस कभी मिल नहीं पायी
उससे जिंदगी की रहो पे ।

प्रेमरस

प्यार तो हो जाता है, बस ...निभाना आसान नहीं होता ।

सिर्फ नज़र चार नहीं

दिल का रास्ता भी साफ़ हो तभी इकरार है

हमेशा तोहफे देना या लेना ही नहीं

कभी एक प्यार का हाथ

कुछ बातें सुनते हुए कान

भरोसा और हर बुराई अच्छाई अपनाई

एक दिन का रिश्ता नहीं, जनम का होता है

आज तुम- कल कोई और का फंडा नहीं

काम, बच्चो और परिवार पे भी अधिकार होता है

कभी वक़्त नहीं दे पाते

ताजमहल नहीं एक शांति और सुकून की जगह

दोनों को समझने की चाह

कुछ दिल से करने का जज्बा

कहने से पहले समझ जाना

हमेशा सोना चाँदी, हीरा नहीं

साथ में खाना, घूमना, खुश रहना

एक दुसरे के लिए सम्मान

कुछ ऐसा करने की चाहत

जो कभी न किया

एक दुसरे से लड़ने नोक झोक

प्यार तक से सजें प्यार एक दिन का नहीं हर दिन का
होता है
अगर उस दिन इज़हार हो जाये तो
दिल बाग बाग हो उठता है
बंधन और आज़ादी का एक समावेश होता है
घुटन और आवेश का समंदर नहीं
माना प्यार की कोई भाषा नहीं होती
एक दुसरे से उम्मीद होती है
अरमानों को बिन कहे तामील गहराई प्यार को नाप लेते
है
प्यार कर्म से पूर्ण होता है ।

❧

मृगतृष्णा

आज कुछ यूही चलते चलते ख्याल आया

जाने क्यों जीवन की गहराई में उतरने का मन बनाया

इस मृगतृष्णा में फिर एक बार गोता लगया

जाने क्यों मन में फिर एक ख्याल आया ।

सिर्फ़ मेरे और बस मेरे

इसके बिना रहना आसान नहीं, इससे अच्छा साथी
नहीं...।

दिल की धड़कन भी सुन ली
प्यार की मोहर भी लगा दी
एक एक सांस का हिसाब रख रहे हो
जो बोलती हूँ कर देते हो
बिना बोले सब समझ जाते हो
एक बार मे इशारा समझ लेते हो
वक़्त का हिसाब रख लेते
और क्या बोलूं ...
जो देखता है बस देखता रह जाता है
मेरे साथ बहुत खूब लगते हो
बस तुम ही हो साख तुम ही साथी
रस्ता रह में चलने वाले
मेरे प्यारे बहुत प्यार
सिर्फ़ मेरे और मेरे स्मार्ट फ़ोन ...!!

पर दर्द न हो

आंखों का चार होना, दिल में जज़्बात जागना
बताना ज़रूरी तो नहीं पर इज़हार कर देना
कही कल तुम्हारे गुलाब उसी किताब में महके
कसक तक ठीक है, बस दर्द न हो...।

मायका

गज़ब खुशबू होती है...

बचपन की याद पचपन तक ताज़ा रहती है

सिंदूर की लकीर ने करा पराया

दिल में छिपी याद को कोई नहीं मिटा पाया

माँ पर की हुकूमत, पिता पर जमाया रोब

भाई बहन की लाडली

पल रूठ जाती सारी ख्वाशिये पूरी हो जाती

बड़े अरमान से एक डोली उठती है

सब के आशीर्वाद से उसकी सामान में बसी होती

गहनों से प्यार नहीं कपड़ों का लालच नहीं

बस माता पिता के प्यार की खुशबू का ख्याल है

उनके आशीर्वाद से नए जीवन को महकाना है

ससुराल में मायके की खुशबू को बरक़रार रखना है घर

कहने को कोई नहीं

लेकिन इज़्ज़त ठीकरे को संभालना है

किसी आडम्बर का अंग न बने बस उसे बचना है

समाज के ठेकेदार कभी सामने से नहीं आते लेकिन,

पट्टी तो बांध ही जाते है।

❧

सुरूर

हल्का हलका सुरूर है, मौसम का यह तोफ्हा है
यह सब गिलेशिकवे भूल जाये इस सावन में
एक बार फिर वो मासूम प्यार दस्तक दे मेरी राहों में ।

निगाहें

पहली दस्तक़ प्यार की... ...

और फिर सरसरी निगाहें पीछा न छोड़ पायी

वो बचपना वो अठखेली चिढ़ा रही थी

और ...वो आँखों की कशिश पीछा करते करते

जवानी की दहलीज़ तक छोड़ गयी

अचानक अल्फ़ाज़ और बचपने को चुरा लिया

दरवाज़े के पीछे से झांकता

नज़ाकत का पहला सहमा कदम था की दस्तक हो ही

गयी

उस दस्तक ने मासूमियत को रूप बना दिया था

फ़ोन की दस्तक से दरवाज़े की दस्तक उसकी खुशबू

थी

उसकी ओर खींचती चली जा रही

चेहरे की रंगत में घुलता गुलाबी पन और ढूँढ़ती

निगाहें

खुद को हैरान कर ने वाला परिवर्तन रवैये में

दिमाग़ को दिल काबू करने लगा

कलम से ख़ूबसूरत कविता और

शायरी निकलने लगी और

खुद से अनजान होती गयी

जहाँ खुद से मिलने के दरवाज़े बंद का दिए थे
एक नयी दुनिया बन गयी थी मेरी
बस वो भी एक वक़्त था और उसकी कशिश में आज भी
ताज़गी है ।

प्रीत

रात तो चाँदनी है,
जाने क्यों लालिमा आज
फ़लक तक बिखरी है
कोई सेज़ सजी है
या कही यह आँखों में उतरी है ।

हमे तुमसे प्यार कितना हम नहीं जानते...!

प्यार के साथ अगर कर्म और स्वार्थ जोड़ दिया जाये तो यह ज़्यादा सफल होगा

। बिना बंदिशों के पंछी भी नहीं उड़ पाते ।

पर तुम्हे परेशां बहुत करते है, अधिकार है

तुम्हारे प्यार को हमारी बकवास से मात देने का हक़ है

तुम्हारे दिए फूल को फिसूल भी करार देने का हक़ है

हम तुमसे बहुत प्रेम करते है इसलिए यह हक़ है

कभी देर से आने पे, कभी तेरे रूठने मनाने पे

कभी मुझे रुसवा करने पे, कभी अपनी जान न समझने पे

कभी मेरी बात की हाँ-न कहने पे

कभी मेरी तारीफ न करने पे

हम गुस्सा होते रहेंगे, जब तक है जान।।

तुम्हें पे अपना हुकुम चलाने पे

हमारे अच्छे आईडिया पे इतराने में

हमारे बिना कारण रोने पे

कही का गुस्सा कही उतरने पे
माँ की याद आने पे
तुम्हारा शर्ट गीला करेंगे क्योंकि मैंने प्यार किया।।

तुम्हें मनाने के लिए अच्छा खाना पकाना
अपनी पसंद के कपडे तुम्हें पहनाने
अपने दिल की बात खुल के बताने में
दिवस को मनाने में
मज़ा तुम्हारे कपडे धोने और प्रेस करने में
क्योंकि सखा तुम्ही हो।।

तुम्हारे लिए व्रत रखने में
तुम्हारी तकलीफ में साथ चलने के लिए
बच्चों के बातें सुनाने में घर की बातें सुलझाने में
तुम्हारी आँखों में अपनी तारीफ देख कर
कुछ कुछ होत्ता है।।

हम युही रहेंगे सदा
दिल और दबंग बनके ख़ुशी और दुःख मे
क्योंकि तेरा मेरा साथ अमर है ।।

विषयसूची

भाग २. उधेड़बुन

लुका छिपी विचारो की

मुझे विचारों की समझ नहीं आती.......कभी भी कही भी
.... फैल जाते हैं ।

बिखरे हुए विचारों के उमड़ते घुमड़ते सागर
कभी कुछ लड़ी याद आती है
पर वो बात नहीं बन पाती
कभी बिस्तर पर पड़े कभी गाड़ी को चलते हुए
कभी खुले आसमा के तले, कभी कूची के परे
कहाँ-कहाँ कागज़ पेन चिपकाऊँ ...?
पर इन विचारो को न पकड़ पाऊँ
यह लुका छिपी आज की नहीं बरसो की है
कभी बच्चो की मासूमियत, कभी बड़ो का प्यार
कभी सैया के तकरार, कभी ढेर सा प्यार
त्योहार का खुमार, या हार की याद
दिमाग की तह से निकलते, धुंध में खो जाते
न पकड़ो तो साया छोड़ जाते
बड़े अपने से लगते है यह विचार
एक सार निकलते जाते है
अपनी जगह बनाके अस्तित्व में आते
अद्भुत एहसास,आनंद बताते
इनको सजाने के बाद अपने अक्स की झलक दिखते
हर विचार के साथ एक बार मेरी भी शुद्धि हो जाती

अपने को जानने के लिए बहुत है
चंद अल्फाज़ उनके गहरे होने के मायने है
लम्बाई के नहीं, उच्च विचार या तुच्छ विचार नहीं
विचार के विकार है मन का अविष्कार है
एक बार स्वछंद कर दो--विचारों को
कभी कलम से कभी अल्फाज़ से
जीवन को नया मोड़ मिल जायेगा
कहने को जीवन आसान हो जायेगा
बड़े मस्त मस्त है उड़ते रखते चलते फिरते यह विचार... ।

मलहम

कुछ ज़ख़्मो पे मलहम नही लगते
कुछ घाव के निशान कभी नहीं मिटते
कभी छेड़ना मत
रूह दर्द से लबरेज़ है
ख्वाइश के दरवाज़े बंद है
कुछ दस्तक़ के जवाब कभी नहीं मिलते ।

सिर्फ़

जब सपना टूटता है ...तो अच्छा नहीं लगता ...।

गुपचुप निकलते हुए कई बार बहुत कुछ देखा है
अपने खयालो को बादलो में घुलते देखा है
पानी में अक्स को डुबाया है
हसरतो को आसमाँ में उड़ाया है
जीवन को नयी दिशा देने का एक प्रयास किया है
फिर एक बदली आती है मन को भिगो के
अरमानो के पंख लगा
कभी इन्द्रधनुष तो कभी आंसू की झड़ी दे जाती है
एक पल में अपना बनाके छोड़ जाती है
इन्द्रधनुष तो भूल जाती है
सिर्फ झड़ी रह जाती है
लीपापोती कर नए सपनों के छींटे छोड़ जाती है
मरहम पट्ट्टी करके फिर बुनने में लग तो जाते है
जाने क्यों यह सपने आसानी से पूरे नहीं हो जाते ।

भ्रम

खामियों को ढूँढ रहे थे, यह सोच थी तुम्हारी
हम तो तुम्हारे दिल में जगह बना रहे है
इल्म नही था सोच का ...वर्ना भ्रम तो हम भी रख लेते।

यह रिश्ते...

रिश्ते को सीख कहना चाहिए ...हमेशा बहुत कुछ देते है...।

पल पल के नाते है हर मर्ज़ के बाद बदलते नाते कभी
आगे बढ़ते, छुट जाते है
यह रिश्ते !
थोड़ी थोड़ी खुशी गम से लुकाछिपी करते
मुस्कराहट आँसू के बीच जंग छेड़ते
आगे चले जाते यह रिश्ते !
पीछे मुड़ कर दिख जाते है पर पकड़ से छुट जाते
कभी किसी को देख ताज़ा होते यह रिश्ते !
पल में बिखर के जुड़ जाते है नाजुक सी डोर से बंधे यह
रिश्ते !!
मन माफ़िक निकल पड़ते है यह रिश्ते !!
कितनी बार ढूंढा है गलियों में इन्हें तब नहीं मिलते
अनजान मोड़ पे टकराते बनते अनोखे रिश्ते !!
उम्मीद से बढ़ कर है यह रिश्ते
जीवन की तरंग जागते यह रिश्ते !!
उम्र के साथ बनते बिगड़ते
अजनबियों में बनते जन्मो के रिश्ते !!
क्यों टूट/छूट जाते है रिश्ते?
तराजू में तोले जाते, चंद टके में बिकते
गर्मी में पंख झलते, मुश्किल में सम्बल बनते

कभी कन्धा देते, कभी लाठी
साथी के हाथ से, माँ क आशीर्वाद से
बच्चों की अठखेली में, सहेली की झप्पी में
विश्वास जगाते रिश्ते... ।

अंजाम

बहुत से प्यार अंजाम से दूर देखे है
किसी को सेहरा मिले यह आसान नहीं
पर एक ज़िन्दगी के लिए सबक बहुत है।

प्रश्नों

प्रश्न हमेशा बहुत होते है लेकिन ...सही उत्तर बहुत कम
मिल पाते हैं ।

दो चार प्रश्नों के उत्तर तो दे सकती थी

पर उन जवाब से निकले सवालों के उत्तर

न तुम दे पाते न मैं

कुछ अधूरे सवाल अच्छे रह जाये तो बेहतर है

जीवन बत्तर हो इसे सवालों के उतर की असा नहीं है

वैसे भी जीवन की उधेबुन में इतना गुम हो गए है

साथ होते भी तनहा महसूस करते है

कुछ लोगों का साथ पुराने साथी की याद अनायास आ

जाती है

फिर अपने उने अनकहे प्रश्नों में खो जाती हूँ

जैसे जैसे ज़िन्दगी चलती है

प्रश्नों के उत्तर उतने मुश्किल हो जाता है

फिर एक उधेबुन मे गुम हो जाती हूँ

कुछ प्रश्न फिर जनम ले लेते है

उत्तर उम्र के साथ बदलते जाते

जैसे पूछे और बताने वाले बदल जाते है

इसी गुथी में उलझ कर खो जाते है

न जाने कब जीवन के आखिर पल करीब आ जाते है ...

... ...कुछ प्रश्न और कुछ उत्तर के जवाब में ।

अरमानों

मेरे अरमानों बुरा मत मानो ...
मन का तो काम ही मचलना है ।

उम्मीद

उम्मीद एक नाजुक शब्द है ... बस गलत इस्तेमाल
करते है...राह बदल देता है...या ऐसा मोड़ आता है...जो
किसी ने नहीं सोचा होता ... उम्मीद हमेशा आशा बांधे ...
इसकी भी बस उम्मीद कर सकते हैं ।

बड़ी देर से बहुत सी आस पाल के बैठे
अब कुछ तूफान और आंधी का असर नहीं होता
बेजार से बैठे है
बड़ी तमन्ना थी उनसे मिलने की
आज फिर उसी मंज़र पर बैठे है
बड़ी बड़ी उम्मीद थी अपने आप से
आज फिर तनहा है
कुछ लम्हों को पिरोना चाहते थे
आज फिर अनजान है अपने अक्स से
एक बार फिर किस्मत ने मुँह मोड़ लिया
फिर नए सिरे खोजने जा रहे है
पुरानी उम्मीद कभी पूरी नहीं होती
हम फिर नयी उम्मीद लगा बैठे है
उम्मीद के अधूरेपन से ही बेजार खो जायेंगे
इन उम्मीद के पूरे होने के चक्कर में
फँस कर भवर बन जायेंगे
ज़िन्दगी दी है तो जीना तो पड़ेगा ही पर

ऐसे जीने में कहाँ कोई लुफ्त आएगा
यह नहीं जान पाते
हमे उम्मीद ज़्यादा है या उम्मीद हमसे ज़्यादा है
इसी उधेड़बुन में नयी उम्मीद लगा बैठते है...।

मासूम प्यार

बहुत मासूम था प्यार मेरा
बेरुख़ी, रूखेपन से छील गया...।

एक ख्याल...

"ख्याल"-अपनेपन का एहसास देता है। कभी मन उथल पुथल मचा के जाता है, कभी एक तरफ़ रख के, कभी पीछे - पीछे पकड़ते है...

बदलो की तरह आते जाते मिटते ख्याल
हर ख्याल पे ध्यान दो और वो प्रश्न बन कर
कटघरे खड़े करते
ख्यालो को मायने न दीजिये इनकी गति न पूछिए इनके
बहकावे में आ कर मन और दिमाग की कसरत हो ही
जाती है
कभी प्यार से सराबोर करते कभी गम को सागर में डुबो
जाते यह ख्याल
सतयुग से कलयुग तक ख्यालो के महल बन गए
छोटा सा लगने वाल ख्याल पूरी ज़िन्दगी नाचता रहता...
कभी इसका ख्याल कभी उसका ख्याल
विचारों का रूकना और हमारा उन पर हमेशा ध्यान देना
जरूरी तो नहीं
कभी इनकी गंभीरता को भी अनदेखा करना चाहिए
मज़ेदार लगते यह ख्याल
अच्छे ख्याल का ख्याल भी गुदगुदाता है
बुरे ख्याल को चलता कर देना चाहिए

खुश रहना ही ख्यालो में होंना चाहिए ...
सोच से ऊपर नहीं जाते ख्याल,
सात्विकत्ता से साध जाते यह ख्याल... ।

हल्के हल्के जज़्बात

हलके हलके जज़्बात है
बस फूँक से उड़ जाते है
उतने ही नादान भी है
बस एक मुस्कुराहट से मान भी जाता है...
तुम फूँक उड़ाते रह गए
हम मुस्कुराना भूल गए...।

खूबसूरती की परिभाषा

खूबसूरती, सबके लिए अलग होती है, पर उसके मायने
सब नहीं
बता पाते ...।

गोरे-काले के भेद से परे विरले ही निकल पाते

अपने मन के आचरण से नहीं तोल पाते ?

रंग के मत पे रोब जमाते रोब दिखाते

कभी मर्यादा की सीमा भी लाँघ जाते

चलते चलते भेद में खो जाते

ऊपरी रंग से बेहरूपियें को नहीं है बूझ पाते

क्या चोट का भी रंग हुआ है ?

प्यार न हमेशा लाल रंग दिया है

सोच के गिरफ़त में बंध गए

क्यों ऊपर वाले से शिकवा किया हैं ?

माना खुली है सोच के डोर

पर क्यों ख़्यालो को इसमें उलझा दिया जाये ।

विषयसूची

विषयसूची

भाग ३ दर्द

हुकूमत

जीवन साथी के साथ लड़ाई पे कभी मन बहुत खराब
होता है,
और जज़्बात और सवाल समझ नहीं पाते

एक जानवर ने भी पलट के देखा,
एहसास करा दिया की कितनी खास हूँ?
हमसफ़र ने यु रुसवा किया की जार जार हो गए
महफ़िल की शान से तन्हायी की ख़ाक तक का सफ़र बन
गए
हर बात को प्यार समझ के निभाते रहे आज इल्म हुआ
यह तो हुकूमत थी
एक चाह रख दी और फरमान जारी हो गया
बिना गुस्ताखी के गुनहगार हो गए
ताउम्र सजायाफ्ता हो गए ।

तन्हाई

मुरीद हूँ अपनी तन्हाईयों का
जज़्ब होते जज़्बात का
यादों के गलियारों में फिरने का
सिले होंठ, गीले कोरे
कलम का चलना
नेमत है इस तन्हाई में।

मन के दंश

*कभी छोटी-छोटी गांठ मन में बड़े घाव बन जाते हैं, दिल
के गुबार है बस निकल नहीं पाते ...।*

थक गयी हूँ अपनी तन्हायी से,

उब गयी हूँ अपनी परछायी से

कभी किसी से शिकवा नहीं किया,

आज उसका खामियाजा मिला

कोई नहीं है कहने को मेरा

सब को खुश रखने की कोशिश पे सवाल उठ खड़ा हुआ

खो गयी हूँ भीड़ में ज़िन्दगी की आपा-धापी में

अपने निशान छोड़ने की सोच था

खुद ही मिट गयी हूँ

अपने अस्तित्व की तलाश में राह भटक गयी

सब को खुश करने में अपनी साख मिट गयी

आज कुछ हाथ नहीं बस एक बोल सुनाने को मिलता है

तू नहीं तो कोई और होता, जो किया सब करते सिर्फ मन

मसोस कर रह जाती हूँ

माँ बाप की शादी ही सम्बन्ध था,

पति ने काबिलियत पे किया सवाल

मेरी दिल की गहरायी तक हिल गयी इन सब से अकेले में

सिर्फ आंसू बहा सकती हूँ

किसी को मन के दंश के बारे में नहीं

कितनी तनहा इस जीवन में हो जाती
सोचती हूँ, बच्चें क्या बोलेंगें
नारी के भाग्य और विधाता के न्याय के बीच
कभी परीक्षा तो कभी काबिलियत की परीक्षा
सोचती हूँ जो काबिलियत की परीक्षा अच्छी होती है वो
कौन से दंभ से आगे चलती है
कभी आसमां को चुनें का जस्बा रखने वाली
आज ज़मी की सच्ची से दूर भागना
अपनी परछाई को पति के अक्स में देखने की चाहत
अधूरी लिया चली जाना ही होगा
कुछ कर्त्तव्य के लिए खुद को मिटना ही होगा
कुछ तो अधुरा है इस दुनिया में
अब लिए बहुत नहीं है यह गुलिस्ता
शायद अपना पक्ष रखना न आया
इसलिए इस जीवन ने ठुकराया
लड़ा रही तन्हाईयों से
हमसफ़र से साथ भी हमराह नहीं
कुछ बहुत नहीं माँगा था
बस मेरे लिए वक़्त और थोडा सा प्यार माँगा था
मेरी तमन्ना का सहारा माँगा था
आज मजबूर लाचार की कतार में खड़ी है ...।

❧

सिर्फ़

बस कशिश हैं उन एहसासों की जो बंधे रखते है डोर
वरना लफ़्ज़ तो अक्सर ज़ख्म दे जाते है ।

अगर तुम समझे होते

प्यार में समझ को जोड़ देना जीवन को आसान बनता है,
लेकिन यह इतना आसान तो नहीं...

मेरी मोहब्बत को अगर तुम समझे होते तो
यु न दर किनार किया होता
मेरी आँखों की गहरायी में तुम्हारे अक्स को जाना होता
कभी एक प्यार की नज़र से देखा होता
माना तुमने बहुत गम का दरिया देखा है
एक बार मेरे मन को पढ़ के देखा होता
तुम्हारे हर दुःख को लेना चाहती हूँ
एक मौका तो दिया होता
अगर निराश करती तो अपना मुख न दिखाती
कभी ही कोई मिलता है दुनिया में जिससे मन मिल
पाता है
बेगाना होता तो क्यों अपना मन लगता ?
और भी बहुत काम है इस दुनिया में मोहब्बत के सिवाय
सच है सनम हम भी तुमसे है...।

मोहब्बत

मोहब्बत को खामोशी में ढूंढना
बिन बताए रुक्सत हो गई।
क्यों इतना आसान था
मैं तो हारने ही चली थी
बस फर्क़ था दिल की जगह
तुम्हे हार बैठी...।

कुछ शब्द

सबसे बड़ा वार इन शब्दों से ही होता है। हम ध्यान देने लगे इन शब्दों पे...कुछ तो अलग होता हैं ।

ख़ामोशी में शब्द की तलाश में गोते खा रहा होता है यह
मन

कभी कुछ शब्द कम पड़ जाते है

कभी एक लफ्ज़ सब कह देता है

कुछ भॅवर में फसे पुराने शब्द का मायने समझाते है

खो गए है कुछ लफ्ज़ को ढूंढ़ कर रख जाता है

कभी बरबस दो आंसू लुढक जाते है

कभी एक शब्द से जुडी याद ताज़ा हो आती है

कभी न रुकने वाली जबान, कान के लिए तरस जाती है

कभी... कान एक जबान के लिए

खुद से बात करने का पागलपन करवा ही देता है यह शब्द

का सैलाबशब्द में पीरों कर कभी कविता छलकती है तो

कभी आँसू की झड़ी ... सच्चे दिल से निकले शब्द

निशब्द कर देते है

कभी बेमानी शब्दों के तीर मन कसैला शब्द कम पड़ जाते

है ज़रूरत पर कभी आँसू निकलने नहीं देते इन्हीं शब्दों को

कभी दिमाग ज़बान पकड़ लेता है

जीवन भर कुछ रिसने और टीसने के लिए ।

❦

क्या खूब मेरा जोड़ा बनाया...!

साथ निकले ऐसे, की बहुत दूर निकल गए

कब तुम इस तरफ हम उस तरफ मुड़ गए

तुम यहाँ मैं वहाँ निकल गयी

रास्ते और मंज़िल दोनों जुदा हो गई

दूसरों को मेरी

किस्मत पे रश्क़ हो आया

क्या खूब मेरा जोड़ा बनाया ।

अपना साया

जब दिल टूटता हैं तो दर्द होता है, टीसता है उम्र भर
...बस कसक रह जाती हैं ।

चाँद फीका पड़ गया
अब नहीं किसी का इंतज़ार रहता
किसी से कोई चाहत नहीं
इस रुसवायी की वजह न जान पाए
कभी असमान के सितारे अपने से थे
कभी चाँद में एक अक्स दिखता था
कभी मन में उमंग बस्ती थी
हर सुबह नयी लगती थी
बिन बारिश जीवन इन्द्रधनुषी होता था
हर पल किसी के खयालो की महक थी
एक पल में रेत की तरह सब बह गया
ताश की मीनार सा डह गया
मेरे ख्वाबो का गुलिस्ताँ
अपने साये के तलाश में रूह सी भटक रही हूँ
फिर से जीना होगा, नए सपने सीने होंगे
एक नज़रिया छोड़ के नए में पिरोना होगा
बस अपना साया मिल जाये
सपनो उम्र खुद बा खुद नाप जाएगी।

इज़हार

तेरे ख़्यालों की खुमारो में सब गवां बैठे
तेरे प्यार की लौ में खुद को जला बैठे
तेरे इंतज़ार में पलकें बिछा के बैठे
तेरे प्यार में दिल लगा बैठे
एक इज़हार की रहा में सर झुका के बैठे है...।

तुम्हारा साथ खलने लगा है...

सहेली के साथ कॉफ़ी पे, निकले उसके जज़्बात–
पति घर के लिए कमाते है, लेकिन थोड़ा सा भी
वक़्त नहीं दे पाते ।सवाल के जवाब तो नहीं थे पर
एहसास को समझने और कान तैयार कर लिए थे...।

आज पैसा, कल का आराम, कितना पैसा, कैसा आराम?
हर एक मुकाम के बाद सब कम पड़ जाता है
छोटी छोटी खुशियों पे रोक लगाके
बड़े आराम की चीज़ तो आ जाती है
पर वो आराम का मुकाम निकल जाता है
बच्चों के साथ बिताये वो पल जो उनके ज़ेहन में सदियों
तक रहते है
वो खोके चंद पैसे भी किस काम के ?
अपने जीवन में बच्चे को जायदाद न दे कर अपना समय
दे पाते
बार बार भीख मांग रही हूँ साथ घुमने और थोड़ी से बात
करने का समय दे दो
बुढ़ापे तो ओल्ड ऐज होम में भी निकल जाता है
क्या पाता कितना वक्त हो उस पड़ाव पर?
इतने बड़े महलों में एक दीपक भी नहीं जल पाता है
बचत अपनी जगह है और पैसे का जूनून अलग है

कितने ही तनहा लोगों का जीवन चार कंधे के लिए तरस जाता है

जवानी में अपने शौक दबा कर बुढ़ापे में समय का इंतज़ार करते है

जब अकेले रहने की आदत हो जाती है फिर एक साथ मिलता है

तब तक तन्हाई बहुत अपनी सी लगती है...

और फिर तुम्हारा साथ खलने लगा है...।

दुःख...!

हर किसी की तक़दीर में सब हो...
यह नहीं पता
बस दुःख अपनी अपनी तक़दीर में ज़यादा ही दिखते है।

❧

चाह

बहुत संभाल कर रखते है इन्हें यूही नहीं निकलने देते...।

इस भीड़ में अपना अक्स टटोलता है
कहीं खो गया साया
छोटी सी ख़्वाहिश की फ़ेहरिस्त
पूरी नहीं हो पाई
जब कोई साया पूछता है तुम कहाँ
परछाई और आत्मा से जुदा है
ख़ामोशी पुकार रही है
तुम खुद नहीं कोई और हो
एक चोला लपेट कर जी रहे हो
खुली सास में तकलीफ है
यह सपन्दन की अभिव्यक्ति है
एक तड़प है पंख न पसारने की बेचैनी है
ऊँचा उठने की जज़बात की कद्र की चाहत... ...
आज लगता है चाहत जवान हो गयी हैं।

निशान

हल्के मेरे कदमों के निशान है ।
ज़ख्म बहुत गहरे है
आसानी से उभर नहीं पाएंगे ।

बिखरी है

जीवन में मन जब भी खिलाफत करता है, तो बुरा लगता
है और हम हमेशा बुरा ही सोचते है...।

लम्हा लम्हा टूटी बिखरती रही है ज़िन्दगी

तड़पती सी एक परछाई कैद है ज़िन्दगी

खो गयी है जो चाहत का नाम था

कुछ डूब गया जो चाहत का समंदर था

आज तो सपने देखने से भी डरता है

मन रोता है न हँसता है, टीस सी उठती है

ख़ामोशी डराती है, अपना भी पराया सा लगता है

एक खौफ रहता है कुछ छूटने का

सहम जाता है हर सपना, खुशियाँ काँपती है

सब बदल गया बस जगह तलाशती है

आसमान में छिपने का मन करता है

जीवन प्रवाह को लहरों की तरह महसूस किया है

धरती में समाने का मन होता है

सूरज की किरणों का सामना नहीं होता

सबको टटोलती सी

फिर एक बार निकल पड़ते है

अनजानी रहो पे.आसान तम्मनाओ को समझने के
लिए।

कभी परेशान मत होना

मुश्किल तो बहुत है
लेकिन परेशान मत होना
कभी आँसू ...भी हँसी की वजह बन जाते है ।

चरित्र

कितनी ही सदियों निकल जाये लेकिन, इज्ज़त मान
मर्यादा ... किसी और के कारण उछाली जाएगी...
तकलीफ इस बात की ...यह किसी भी देश या जगह
की नहीं... सोच की बीमारी है इसे हटना और मिटना ही
होगा ।

एक बार फिर बलि चढ़ी -लड़की की

उसी देश में जहां

दुर्गा माँ की पूजा की जाती

पर सीता माँ तो बदनाम हुई

अग्नि परीक्षा की लालसा में फिर एक बार बलि चढ़ी

यही तेरा इंसाफ है—ईश्वर

नारी को सिर्फ एक चरित्र दिया

और उसके नापने के पैमाने औरो के हाथ में सौंप दिए

क्यों नारी को महानता का गुण दिया, जब इतनी

नीच सोच बनायी

या तो नारी दी होती या यह सोच

ऐसे लोगो की बलि तो कभी नहीं दी?

हर परीक्षा सिर्फ नारी के लिए रची

तुम भी स्वार्थी हो गए – भगवन

कलयुग की भेट तुम्हारी सोच चढ़ी

उस माँ को पुकार सुनानी ही होगी

नीच लोगो को सबक देना ही होगा
कलयुग के साथ इन्टरनेट भी है तो जवाब तो देना ही
होगा निर्दोष नारी को आग में चलना नहीं उसके आंसू ही
बहुत कुछ बाय करते है
क्या चरित्र दोष में नारी के कदम ही डगमगाते है?
उस आदमी का क्या कोई कसूर नहीं...?
क्यो इतना महान बनाकर नीच के बीच भेज दिया
कुछ तो इंसाफ किया होता
टक्कर तो हमेशा साथ वाले के साथ होती है
नर मादा का खेल नहीं एक सोच तो दी होत्ती
हनन और दोष के चक्र के नहीं डाला होता
इस सोच को खतम करना आसान नहीं होगा...
लेकिन अस्मिता का हनन कैसे कर्मों का सौदा होगा
जीवन नहीं मृत्यु की चाह क्यों नारी की ?
क्या हमेशा अग्नि परीक्षा नारी के हिस्से की होगी
हिसाब नहीं पता किसे देना है
मेरा तो बस तुमसे रिश्ता है...।

खोखला

खज़ाना है कि हमेशा कम दिखता है
लेकिन जाने क्यों किस्मत का पिटारा हमेशा खोखला
लगता हैं ।

ऐसे लड़के की जल्द ही दस्तक हो...

बस सपने में ही ऐसा होता है ...फिर भी हर लड़की का
यह सपना होता है... ।

मेरे लव्जों को आवाज़ दे

मेरी आँखों का नूर बने

मेरे सपनो को आकार दे

मेरी ज़िन्दगी के पंख बने

कभी तो इस नादान दिल को समझो

एक दस्तक तो दो पलक बिछा के खड़े है

अच्छी उसकी कमाई हो कोई बुरी आदत न पाई हो

घर की कोई जिम्मेवारी न हो

मौज मस्ती की न मनाई हो

घर के खाने की लत न पाई हो

बच्चो को आया के पास रखने की न मनाई हो

किसी पराई लड़की पे आंख न उठाई हो

किट्टी पार्टी और घुमने की आज़ादी हो

जल्दी से आ जाओ

कलयुग में ऐसे लडको की ही सगाई हो ।

प्यार में मज़ाक

क्यों मेरे प्यार मे अजनबीपन दिखता है?
शायद फेरे लेने के बाद जीवन घूम जाता है!!

कोई फर्क नहीं पड़ता

कोई फर्क नहीं पड़ता बस बोलने के लिए... लेकिन जलन
तो है ही...।

यदि मेरी बीवी बिंदी सिंदूर और करवाचौथ का व्रत नहीं
करती
तो मुझे कोई फर्क नहीं पड़ता ।
यदि मेरी शादी अच्छे गुण वाली से लड़की हो जो
खुबसूरत न भी तो कोई फर्क नहीं पड़ता ।
यदि मेरे पिताजी सारी जायदाद मुझे ना भी दे तो कोई
फर्क नहीं पड़ता
मेर बीवी किसी और से बात करती है तो मुझे कोई फर्क
नहीं पड़ता
मेरे दोस्तों की तनख्वाह मुझे जयादा है तो कोई फर्क नहीं
पड़ता
मेरा आई आई टी या आई आई ऍम में नहीं होता तो कोई
फर्क नहीं पड़ता
मेरा दोस्त, मेरा भाई अगर विदेश में है तो कोई फर्क नहीं
पड़ता
मेरा घर और गाड़ी छोटी है तो कोई फर्क नहीं पड़ता ।

☙

नाप लिया

रास्ते हमने नापे नहीं
आपकी परछाईं बन गए
आप ने शीशा समझ लिया
अंधेरे में अक्स नहीं दिखा
आपने परछाईं को नाप लिया
अक्स बढ़ते घटते नहीं
आपने सब एक समान मान लिया...।

ज़िम्मेदारी की खोह

जब अपनी सखी से मिलकर उसकी हर बात समझती हूँ
मुझे मालूम होता है तकलीफ है लेकिन उपाय नहीं
होता...
बस सुनती हूँ...

चल सखी उतार दे इस खोह को
उस बेपरवाह जीवन में चले
वह जो सुकून था जो शांति थी...
फिर एक बार फिर...तुझसे मिलवा दूँ
जीवन की डगर में तू अपने सम्मान का समझौता कर
आगे बढ़ रही है
तेरी यह फीकी हँसी तुझे अनजान बना रही
आंखों के काले घेरे और माथे की सिलवट दर्प नहीं
चल आँखे खोल और गले लग जा
गीले कोरे बहाने को तैयार है...
हाथो के मैले नाखून और सूखे होठ तेरे अस्तित्व को बेज़ार
कर रहे है
बिखरे सफ़ेद बाल तेरी मगज़ का हाल बयान कर रहे है
सहमी सी तेरी आँखें...छलकने को बेताब है
ज़ज्बात के टाट पैबंद है तेरी बातों में
गहरी आँखें और खिलते अरमानो पे
एक स्याह रात है

अस्तित्व के साथ खिलवाड़ का तमाशा है
फिर भी मेरे आने पर यह सुखी हँसी
गवाह है हमारे हमराज़
सिर्फ एक तू ही अपनी मदद के लिए
मैं तो बस झोका हूँ
तुझे तुझसे मिलाने के लिए
ज़ोर नहीं डालती
चल एक राह पे साथ चले...
जहाँ से तू मुझे देख सके
समझ सके जज़्बात को...
इत्तेफ़ाक़ नहीं है साथ
अरमानो की माला में पीरो कर बड़ो के आशीष से जुड़ा है
तबाह सिर्फ हमारी कमज़ोरी पर ध्यान से होगा
अगर बना नहीं तो बिगड़ने नहीं देना
कभी ताली एक हाथ से बजती
दूसरा हाथ सही से चुना होता ।

विषयसूची

भाग ३ तन्हाई

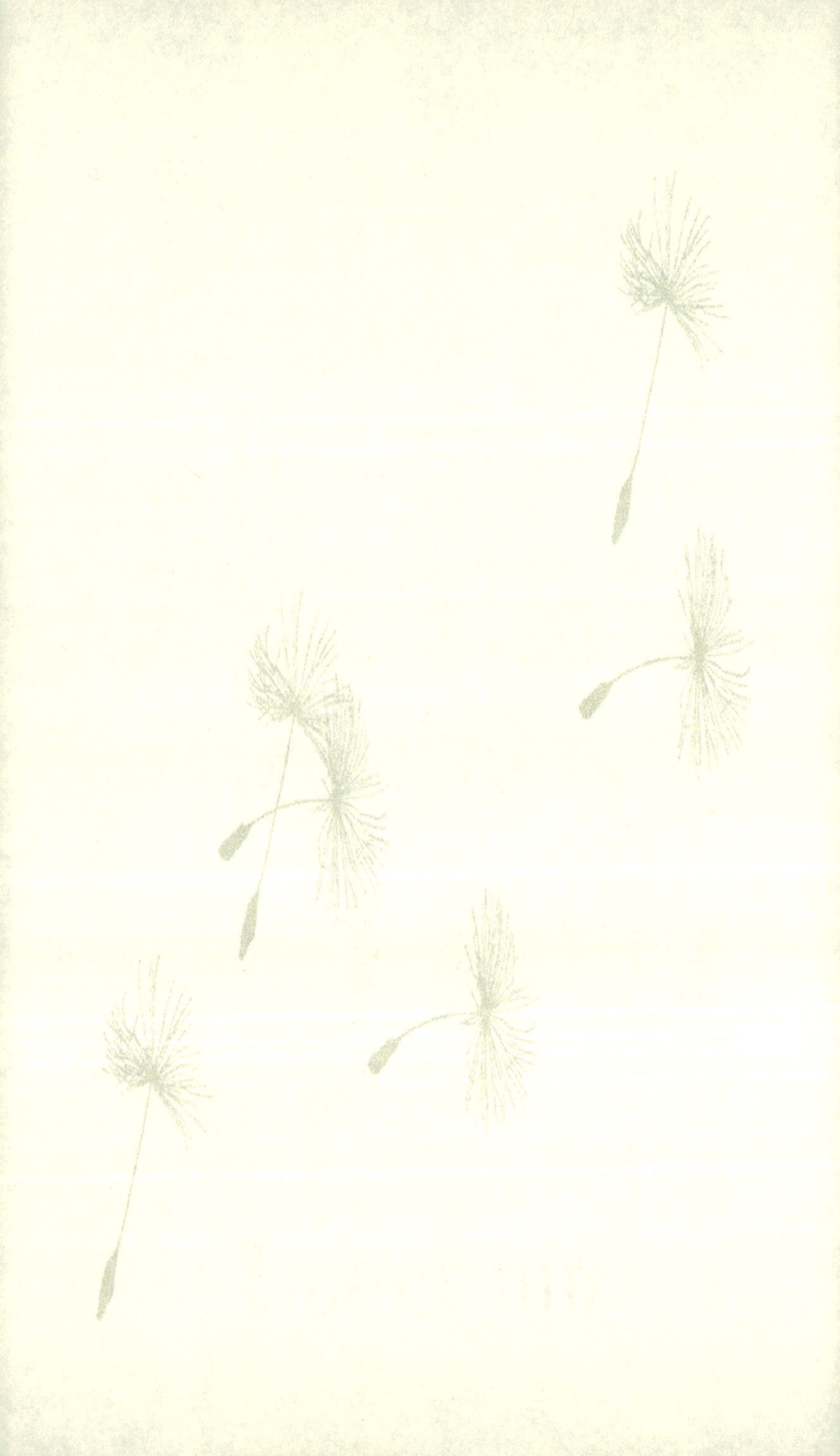

अब इंतज़ार है...

जीवन की तकलीफ़ में... कभी कभी सब बेमानी सा
लगता है...।

तनहा रहने की आदत सी हो गयी है
हवा का झोका भी मेहमान लगता है
मन के विचारो को दबाने की आदत सी हो गयी है
बारिश के बूँद भी शोर लगती है
कुछ संजोय हुए लम्हें है
अब वो भी पराये लगते है
किसी की दस्तक से रूह तक काँप जाती है
इतने व्यस्त जीवन में मेरा ख्याल किसे आ गया
अब तो लवो पे हँसी भी रूठी रहती है
जयादा खुल नहीं पाते
कभी खुले तो आँखों से आंसू बह निकालेंगे
तूफान का सामना किया है
अब जलजले का इंतज़ार है...।

पनाह

आ जाओ मेरी पनाह में
अरसे से इस की ताकीद की है
न उम्मीद ने साथ छोड़ा न हौसले ने
करने तो प्यार निकले थे
बेख़बर थे जंग की तब्दील में
इल्ज़ाम न दो एहसान से लबादा है
साथ तो है
चाहे आमने सामने ही क्यों न हो ।

कुछ बूँदे

जब जीवन मुश्किल होता है मन थका होता है, कोई राह आसान नहीं लगती, फिर भी एक कोना दिल का हमेशा उम्मीद जगाता है।

कुछ बूँदे आँखों से गिरी जमी को नम कर गयी

हाथ कंधे पर रखा चलने की ताकत आ गयी

साथी ने हाथ बढाया, लवो पे मुस्कान तेर गयी

कुछ कमाल ऐसे ही है इस दुनिया

जिनका राज़ कोई जान न पाया

कभी जीवनसाथी का साथ पूरा होकर दिल को छु जाता है

कभी एक बोझ सा लगता ठेलता रहता है

सारी दुनिया बुराई का पुलिंदा सी लगती है

कभी अच्छाई का सागर

बस मन को काबू में रखना होता है

सारी कहावतों के सार को न जानते बुझ पाना मुश्किल है

जीवन भी उसी के तरह है

मन की थाह – राह बना ही देती है

हाँ–न के बीच के पसोपेश मौके गवा देती है

अरमानो को न मरने दो...

...गुम हुई चीज़ न मिलने की आह भी जीवन भर रहती है

मन को मरने न दो... ... ...
...जीने की रह तो मिल ही जाती है...।

❧

काश...!!

बहुत बार देखा है खुद को मारते हुए
काश! एक बार जीने की वजह बन गए होते ।

व्यथा

बस ब्यान नहीं करते लेकिन सबको पता चल ही जाता है।

ख़ामोशी पाँव पसरती सी कभी आंसू कभी उदासी बनकर
टूटे कांच के टुकड़ों में अपना अक्स तराशती सी
खोई सी हैरान है
अपनी ही परेशानियों से त्रस्त है
जीवन के अस्त होने का इंतज़ार करती
तन्हाइयों में साथी ढूँढ़ती सी
बंद कमरे में अकेली अपने विचारो से जूझती
अपनों के पराया होने से हैरान
बेजान महसूस करती सी
भारी कदमो से आगे बढ़ती हुई
जीवन पथ पर भटकी सी
अपने में ग़ुम होती
अधूरी तमन्ना और चाहत के बोझ के साथ
मुरझाये फूलो के तरह पतझड़ के सूखे पतों सी
हवा के हिसाब से चलती हुई
जमी में अपनी जड़ सी जोडती हुई
अपने अरमानों की कब्र पर फूल चढ़ाती हुई
आंसू छिपाने की बेअसर कोशिश करती हुई
हाल पर हर किसको तरस खाता देखती सी
गलती ढूंढती सी

अपनी शंकाओ का समाधान खोजतीसी
खिलोने सी घुमती हुई
गम के समंदर में हँसी तलाशती
खुशियों के बहाने बनाती
खूबसूरती, प्रतिभा छिपाती
कोई नहीं जो दो मीठे बोल बोल दे
दो रोटी के टुकड़े निगलती
माँ बाप के होते हुए अनाथ सी
थरथराते होंठों से अपनी बात
व्यथा को व्यक्त करते हुए आगे...
संकुचतीसी अपनी व्यथा के ख़िलाफ़ न्याय करती...।

ढीठ

मेरे मुँह पे दर्द को न ढूंढो
बहुत ढीठ है...
मेरी हँसी की ताकत के पीछे है ।

अजीब

दुनिया में हर पल कुछ नया पुराना होता रहता । हर पल
कोई आता-जाता है । एक एहसास बनता है एक बिगड़ता
है जीवन हमेशा चलता है। दुनिया और सपनों कभी सजते
और सवारते, परिवर्तन जीवन का नियम है। उम्र और
अनुभव के साथ यह भी होता ही है ...।

उम्र और मौसम के बहुत से पड़ाव ऐसे होत्ते है
जहाँ अकलेपन और नीरवता खलने लगती है
एक्साम वाला मौसम मन को भारी करता है
सब कुछ बुरा और अकेला लगता है
पेड़ के पत्तों के गिरने से हमे भी कहीं दुःख पहुंचता है पर
उससे समझ नहीं पाते मन महसूस कर लेता है
दोस्त बेहद करीब और अपने लगते है
माता पिता से बहत नहीं बन पाती
कभी चुप तो कभी खटपट हो ही जाती
कुछ काम सब ही करते है
कालेज से बंक मारना, थडी पे चाय पीना
पैसे बाँट के पिक्चर देखना, पार्टी करना
सुन्दर लड़के लड़कियों को छेड़ना
बुरी आदत को डरते डरते अपनाना
फिर जीवन एक नए मोड़ पे आता है
एक नौकरी आती है जो कभी मनमाफिक होती है

कभी मज़बूर जीवन एक रहा पकड़ लेता है
जीवन में किसी की दस्तक हज़ार सपनो को जनम देती है
और अपने सपनो के गुलफाम नए रस्ते पे निकल पड़ते है
जो बात माँ पापा हमसे बोलते थे वही हम बोलते नज़र
आते
अपने बच्चो के इन समझ एक बार अपना जीवन फिर जी
लेते है
इस समय कलम ले कर लिख नहीं पाते
हर काम से बेरुखी सी रहती है
कुछ करने का मन नहीं होत्ता है यह सब के साथ होता
है...।

अनकही

बहुत सी अनकही बातों के मायने तलाशना चाहती हूँ
एक परिवार को खुशियों से लबरेज़ रखना चाहती थी
सोचा तो बहुत कुछ था पर सब मिलता तो नहीं
पाने और खोने की चाहत तो बहुत थी सब कुछ आया
गया ।

उपेक्षा

क्यों कोई किसी की उपेक्षा का शिकार होता है?
क्यों इतने मजबूत रिश्ते की नींव हिल जाती है? क्यों
सच्चे प्यार को एक इम्तहान देना होता है ? "क्यों" हर
जगह देखना इतना आम हो गया है...? क्या किसी की
खुशी हमारे अस्तित्व को खतरे में डाल देगी...?

उस उपेक्षा की परिभाषा को कैसे समझूं
किसी के अस्तित्व को सहलाऊ बहुत से लिबास है
बहुत सी आस है एक कोटे पे लिखी दास्ताँ है
हम याद करते है जो पल हमारे थे
आज से पहले सब कुछ अच्छा था
कैसे यह समझूँ तुम्हे जो कभी मेरे थे
आज किसी और के हो
इस टीस को कहाँ छिपाऊ
कभी हम आपके विश्वास के पात्र थे
आज आपकी की नज़र के तलबगार है
क्यों कैसे इस मोड़ पे आ गया जीवन नहीं समझ पा रहे है
क्या हम कमज़ोर थे या प्यार में लबरेज़ थे
आपकी आह!! को क्यों नहीं पढ़ पाए।
मेरी इस उम्र के लिए आपकी यादें काफी है...
आपके इंतज़ार में पलके हमेशा बिछी रहेंगी...।

❧

उलझे हैं

मसले तो बहुत है पर कोई समाधान नहीं
आदतें बुरी है समझाता कोई नहीं
रोते तो है पर किसी को हँसाने के लिए नहीं
उलझे है पर सुलझाना चाहता नहीं कोई ।

मेरी पनाह

मेल मिले तो अच्छा है...और यदि न मिले तो थोड़ी
दिक्कत तो रहती है...।
आ जाओ मेरी पनाह में
प्यार की बयार में बह जाए
इस राह की पकीज बाहों में बैठ जाये
आजा राहों को पकड़ ले
साथ जीवन बिताना है
कुछ तो प्यार चाहिए
चातक नही जो देख जी लूँ
कृष्णा और मीरा के प्यार का भी
माना आज वही है कसक
है तुम्हारे साथ कि
जिस्म के रिश्ते तो दर्द देते है
मन के मेल जन्मों के नहीं रिश्ते बनाते है
उस रास्ते आओगे
प्यार का खुमार नही है
जन्म में जीवनसाथी को
ढूंढने की आस है
एक ही रिश्ता है जो स्वयं चुन पाते
नहीं कुछ मापदंड जन्मों के रिश्ते यूँही बना पाते ।

भेद

मुखौटे को ढंग से लगाना
कही भेद खुल न जाये
आत्मा से इतनी दूर न हो
की हस्ती ही मिट जाये ।

छिप-छिप के मैं जीती हूँ

छोटी सी बात के लिए, कभी इतना सोचते है फिर
लगता है, यूँही
इतना डर रहे थे ।

कभी गुम हो जाती हूँ कभी फिर जी उठती
कुछ बिखरे पन्नो सी खुद में गुम सी
बदहवास हालत को समझते अंश को खो कर
जीने के कोशिश में हूँ...
अपने को भूल कर खोज में
बहुत से जज्बातों को समेट
जीने के कोशिश में हूँ...
किस दुर्भाग्य की छाया के तले हूँ
आँसू को साथी समझ बिना राह के हूँ
जीने की कोशिश में हूँ
बहुत समझाया पर समझ न आया
फिर ऊपर वाले पर बहुत गुस्सा आया
दीवार पे सर मर कर कुछ हुआ है कभी
हम कठपुतली थे कल आज भी
जीने की कोशिश में हूँ ।

लक्ष्य

लक्ष्य तो बना लिया...
न तो अर्जुन सा विश्वास है, न ही वो धार है
केंद्र बिंदु से दूर है
जाने क्यों एक असंभव के साथ जीना
हर मन की आवाज़ है...।

आज मुझे कन्धा दे दो

उदासी के बाद बहुत उम्मीद होती है... कोई अच्छी बात
सुनाई दे जाये... कोई सहारा बन जाये...।
और फिर जीने की इच्छा खो गयी
दोस्त को कहा, तो वो मज़ाक में उड़ा गए
पालनहार से कहाँ तो मेरी नाकामी की फ़ेहरिस्त पकड़ा दी
अपने दुःख न सह पाने की ताकीद कर दी
बहुत काम थे, करना चाह
पर कर नहीं पाए और कोई समझ नहीं पाया
बहुत देखे कंधे, पर सर कोई सहारा नहीं दे पाया
बहुत सवाल और बवाल भी होगा
दोस्त, दोस्ती को नहीं समझा पाएंगे
बस अगली बार कन्धा मजबूत कर देना
आज मुझे कन्धा दे दो और मुक्त कर दो
कितना दर्द दिया कुछ सच्ची कड़वी बातों ने
दिल में दिए दर्द को समझने के लिए
जितना आसान था, तुम्हारा बोलना
उतना मुश्किल था, मुझे सहना
फिर कुछ बोलने से पहले,
कुछ तोड़ने से पहले
बस एक बार अच्छे से सोच लेना।

❧

ध्यान दे

इतना मुश्किल तो नहीं होता जीवन...
अगर सिर्फ सब अपने काम पर ध्यान दे...।

विषयसूची

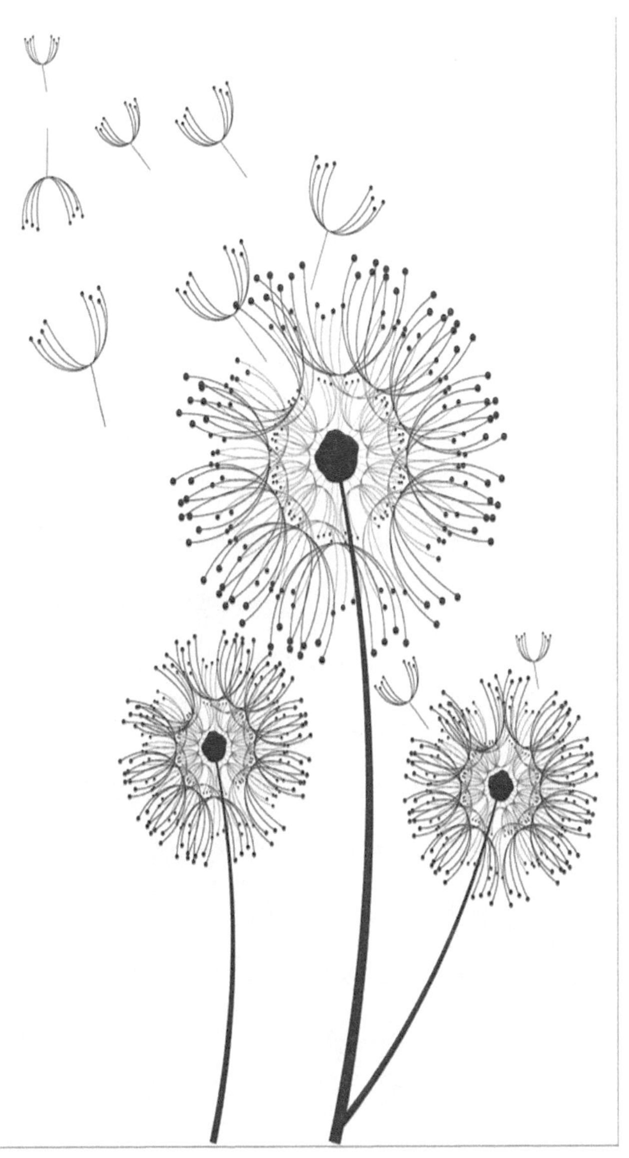

भाग ४ दंभ

नारी तेरी कहानी

सीरियल देखने की आदत लग गई उसका रोज़ इंतेज़ार
करने लग गयी ... ... सब काल्पनिक है फिर भी...।
पति परमेश्वर समझ सब करना
उसके लिए नौकरानी से ज़यादा कुछ नहीं होना
बस! तुम करो और कर करके मरो
उसके लिए करो जिसे उसकी अहमियत हो
किसी को गरज नहीं
इसलिए करो या तुम प्यारी तो करो
तारीफ सुनाने के लिए के कान तरस जाते
पतिदेव सिर्फ गलती की तरफ उंगली उठते
जिस दिन सज साँवर कर इंतज़ार करते, उस दिन बहुत
लेट आते
अच्छा खाना बनते उस दिन ज़रूर बाहर से खाना खा कर
आते
पति का मोबाइल और कपडे ज़रूर साफ़ करते
पर शक की निगह ज़रूर रखते
जिस दिन पति के टिफन में 'इलू' लिख कर भेजते
अपना टिफन किसी और को दे देते
पति सिसकी न सुनते इसलिए गाने लगा देते
पति भी कम नहीं कहाँ गयी... ? क्यों गयी...?
बड़ा बन ठान के जाती हो
पैसे और घुमाने की बोलते-ही

स्वामी एक करवट लेके सो जाते
और तुम जूते की नोक पे रहोगी हमेशा
२१ २२ २३... सदी क्यों न आ जाये
यह हमने नहीं भगवान ने नियम चलाया है
नारी – फिर गरजती है चंडी बनके
सारी राम कहनी सुना देती
कपडे प्रेस से लेकर खाना बनाना
मुन्ने मुन्नी को सँभालने से लेकर झाड़ू पोछा
आखिर स्वामी प्यार नहीं करते
किसी और से तुलना करते है
सहेली का नाम लेकेस्वामी जी दुखते
बहुत आग लगते है
बड़ा ही रोचक है यह ड्रामा
जब ऊपर भगवान से पुछा तो बोले—सब अपनी बीवी के
entertainment के लिए बनाया है
वरना सारा दिन मेरे काम में disturb करती है
पर भगवान हमारा क्या...?
अरे तुम्हारे लिए एकता कपूर को भेजा है न...।

तामील

बड़े अरमानो से ख्वाब को पाला था
तामील होंने का जस्बा कहाँ से लाऊँ ।

अरमान

कुछ बहुत से अरमान लेकर आये थे, तेरे दर पे आये थे
तुमको छू न पाए ।

कुछ इलज़ाम लिए जा रहे है
दुःखी औरत की कहानी जोड़ कर
उन आँसू का सैलाब लेकर
जिनका हिसाब तुम से नहीं माँगा
पर तुमने हर उस लम्हों का हिसाब खुद ही लगा लिया
इतने कठोर हृदय के द्वार नहीं खुल पाएंगे
कभी एक कदम तुम न भी बढ़ाते तो क्या
मेरे कदम तो न खिंचे होते
आज रास्ते पे अकेले है
पलट के भी न देख पा रहे हो
इतने कठोर हो आये, उन लम्हों को आसानी से भुला
दिया
कभी भी ख़बर नहीं ली
मन मुटाव के बाद रिश्तों में गर्माहट कहीं खो गयी
डोली तो उठी पर अर्थी नहीं
दर है तो दर दर की ठोकर है
मोहताज तो नहीं हुए लेकिन प्यार में धोके का इल्म हो
गया

थोड़ी सी इज़्ज़त के लिए पूरी इज़्ज़त नहीं गवाने की चाह
अपने ही दर प कर पराया...दर दर के लिए
टूटी तो हूँ पर खुद से चलना सीख गयी हूँ
इतनी बेशर्मी सिर्फ मर्दानगी के लिए
मेरी उपेक्षा से क्या साबित कर पाओगे
भगवन तो तुम नहीं रह पाओगे।

तन्हाई

मुरीद हूँ अपनी तन्हाईयों का
जज़्ब होते जज़्बात का
यादों के गलियारों में फिरने का
सिले होंठ, गीले कोरे ही बहुत है।

तुम मेरे भगवान बन गए... ...!

हर एक के जीवन में वो पल आता है जब भगवान से भरोसा उठता है और कुछ आक्रोश आता है, अगर हम उसे जीत गए तो सब पर हो जाता है। उम्र के साथ एक ठहराव भी आता है। अपनी भड़ास निकल देने में ही भलाई है ... ...वो हमेशा याद रहती है कभी ख़ुशी कभी गम बनके ... ...।

मेरी परेशानियों के दाता,
क्यों तुम मेरे भगवन बन गए?
मेरी आँखों में अनकहे आंसू भर गए
अपने वर्चस्व की धाक
जमा कर अपने को मर्द तो बना गए
नफरत की आग तुम्हारे अन्दर ।
...कहीं और लगा देते, तो आज आसमां अपना लेते
सब छोड़ के मेरे सामने आ जाते हो
मनहूसियत के देवता क्यों खुश रहना नामुमकिन है
छोटी सी ज़िन्दगी है
अपने लिए खाई खोद रहे हो
उसमे भी गिरेंगे
जिस मौत का इंतज़ार कर रहे हो
जब सामने आयगी तो सह नहीं पाओगे
आज जीवन से जी चुराने वाले काल से कोई नहीं बचा है

बड़े बूढ़े बच्चे जवान सब से घिरे हो
मुस्कान देना बहुत मुश्किल है, दर्द तो दे जाते है
दर्द में शुमार करना आंसा है पर आदत न डालना नहीं
तमाशा बन जाता है
बहुत आदी हो ज़िन्दगी ढरे पर
किसी को रस नही यह रुख
रूखे सूखे से बीत जाती है ज़िन्दगी
प्यार बिन रेगिस्तान सी सुख जाती है ज़िन्दगी
हर तृप्ति को अपने पास कर तुमने ठुकरा दिया
जब मैंने अपने आलिंगन में लेना चाह तो ठुकरा दिया
आज ठोकर से बदल लेने पे उतारू
इतनी बेशर्मी सिर्फ मर्दानगी के लिए
उपेक्षा से क्या साबित कर पाओगे?
भगवान ! तो तुम नहीं रह पाओगे।

लहर

कभी एक तरफ़ रख के कभी पीछे पकड़ते है
घुल गयी हूँ तुम में
खुद से टकरा टकरा कर
अब यह तेरा सुरूर है की
जलजलज़ा बन जाऊ या
एक शांत लहर सी बहती जाऊ...।

वो भी एक दौर था...!!

आखिर सफलता के मायने सबके अलग होते है,बस फर्क़
सपनों से दुरी का होता है...।
उन्हीं यादों के सहारे जीवन निकल रह है
कल के दौर, जब सपने बुन थे
आज उनका हिसाब लगने में मशगूल है
तराजू के पलड़े के तरह अपने जीवन के पड़ाव का
कभी माथे की सिलवटों को देखकर अपनी कहानी बन
लेता है
कोई हाथो की लकीर का हिसाब पढ़ता है
जीवन के ताने बाने में अपना नंबर आखिरी आता है
उस उम्र में जो जज़्बात थे उनकी याद सताती है
अपनी सफलता असफलता की बच्चो से दलील सुन
उस पल का सुकून चुराती है
जिसे माता-पिता ने हमसफ़र बनाके हाथ दिया था
उसके सफर के बाद आज समझ आ गया
खुद ही सफ़र को तय करना होता है
जब जीवन परीक्षा लेता है तो तन्हाई सबसे अपनी
लगती है
तन्हाई में मन का लावा पिघलता है कभी आँसू बन कर
कभी अकेलेपन से
कुछ कर्म होते है, कुछ धर्म होते है,
इसी के बीच में पिस रहे होते है

आज भी समाज में अस्तित्व की लड़ाई लड़ रहे हैं
दुःख को कोई नहीं समझ पाएगा
कर्म और दुःख में अनकहा समझौता होता है
आज वो समझौता समझ लिया बस यही सुकून है
वर्ना हर कोई अपने सपनों को अलविदा कर बस इंतज़ार
करता हैं
बस फर्क़ सपनों से दूरी का होता है ।

मेरा हमसफ़र

प्यार तो मेरा हमसफ़र बन गया है
अब बस हम रह गए, सफर और प्यार खो गया ।

बहुत प्यार करते है...!

शादी के बाद का प्यार... ...।

बस तुम्हारा साथ नहीं दे सकते
जब तुम थकी हो और मदद चाहिए तो मांगना मत
जब तुम्हे घर की याद आये तो
तुम्हे शादी ही नहीं करनी थी... की उलहना सुन लेना
पर प्यार बहुत करते है...
जॉब तो करना, पर सैलरी मैं संभल लूंगा...
घर पे सब काम करके जाना और आते ही लग जाना
कभी अपने लिए कुछ मत खरीदना...
तुम्हारे मायके तो जाना, तुम्हें ससुराल का ध्यान न रखने
का ताना ज़रूर दे दूंगा
जब तुम दुःख बाँटोगी...उसी को तुम्हारा दिल दुखने के
लिए काम में लूंगा...
प्यार बहुत करते है...तुम्हें तुमसे ज़्यादा जानता हूँ...
इसलिए तुम्हारी कमियों की फेरिस्त को सबके सामने
तुम्हारा तमाशा बना दूँगा ... ...
हर चीज़ में कमी निकल कर तुम्हें...
तुम्हारी नज़र में कमतर करूँगा
पर प्यार बहुत करते है...
हर खाना जो तुम्हारे हाथ से बनेगा
मेरी माँ और बहन से कम होगा

जब घर साफ होगा अपना सामना फैला कर
तुम्हे साफ़ करने का मौका दूंगा
कभी तुम्हारी सहूलियत का ध्यान नहीं दूंगा...
चार लोगो में तुम्हारी छीछालेदर से परहेज़ नहीं करूँगा
बीमार पड़ूंगा तो तुम्हें इलज़ाम दूंगा... ...
तुम्हारी सलाह को अपने पैर की धूल समझूंगा...
तुम्हारी बुराई को सुन कर चार और जोड़ दूंगा...
प्यार बहुत करते है...
तुम्हारी अस्मिता को तारकर...
अपने घर वालो के साथ तुम्हारे जनक -जननी को भला
बुरा बोल कर अपने पौरुष को स्थापित करूँगा
तुम्हारी हर अच्छाई को बुराई में बदल कर अपने सात
वचन का अनादर करुंगा...
शादी के दिन को कोस कर तुम्हें एक महंगे भोजनालय में
खाना खिला फोटो खींच कर अपना दर्प दिखाऊंगा...
तुम्हारे जन्म दिवस को तुम्हारे दिल को छलनी कर एक
महँगे तोहफ़े को दुनिया क दिखा कर कद ऊँचा महसूस
करूँगा...
बच्चों के सामने तुम्हें कमजोर दिखा कर एक और अगली
पीढ़ी को दूंगा...
पर प्यार बहुत करते है...दस लोगों बीच अदालत बना
दूँगा...
तुम्हें दिए कपडे, खाना, और नाम इतनी बड़ी बड़ी जगह
घुमाया...

बच्चें दिए...तुम्हे पूर्ण करने को लिए...
पर प्यार बहुत करते है...
तुम्हारी पसंद की चीज़ो को गायब कर दूंगा...
तुम्हारे घर का सामान लेंने पर भी ख़र्चीला का लेबल लगा
दूंगा...
तुम्हारी दूसरों से तुलना कर तुम्हें अक्स दिखाऊंगा
प्यार बहुत करते है...
कभी छोटे बड़े फैसले में तुम्हारी कोई राय नहीं
लूंगा ... ...
मेरी चाह बिना बोले पूरी हो की आशा रखूँगा...
तुम बहुत उम्मीद करती हो...
मेरी और मेरा घर का गुणगान तुमसे भी चाहूंगा...
कभी कमियां मत गिनना ...डाइवोर्स की धमकी से और
तुम्हारे घर फ़ोन लगा कर अलगे दिन फिर तुम्हारे संग रह
जाऊंगा...
नहीं आता मुझ खुद को व्यक्त करना ... ...तुम्हारी खिल्ली
उड़ा कर अपने को छिपा लूंगा...
तुम्हारी कमी नहीं तुम प्यार नहीं कर पायी
पर हम तो बहुत प्यार करते है ।

❧

हिस्से में

आज भी वो दिल का कोना...तुम्हारे लिए खाली है
बस पता नहीं की अब ...तुम किस टुकड़े के हिस्से में
आओगे...।

बहू को कोई अपना न पाया

... ... सच हैं...न... ...!!

जो बात करें, कभी न भायी

जब बहू सास के रूप में आयी

जाने क्यों हुकूमत की इच्छा लहरायी

एक दूसरे से आगे निकलने की रेस लगयी

माना दोनों का दिल एक के साथ है

वही दोनों का सहारा है

पर उम्मीद से आप ही लाई, जाने क्यों ख़ाक की सैर करायी

जाने क्यों अस्तित्व को नहीं अपना पाए?

हर काम में मीन मेख निकलती

अपना समय क्यों भूल जाती?

गज़ब की रीत चलती

क्यों कभी बहू, बेटी नहीं बन पायी

खर्चा सही है, लेकिन घर को स्वर्ग भी तो बनाती

हर सदस्य की फ़रमाईश पूरी करती

फिर क्यों अपनी परवरिश पर सुनती?

घर की रानी है लेकिन फिर भी क्यों

गहने पर बुरी नज़र डाली उसके माता पिता का आशीर्वाद है उसमे

नया घर नया रूप है नारी उसका सम्मान करे

अपेक्षा इतनी न हो की उसका दम घुट जाये

न इतना भेद भाव की दिल को चुभ जाये
न इतनी छूट की घर से निकल जाए
इतना आंसा नहीं पर इतना मुश्किल भी नहीं
वो भी सास होगी... ...इसका एहसास है उसे भी
बेटा नहीं बदलती घर को संभालती है
अपने पंख को समाज के बंधन के कारण नहीं खोल पाई
थी उसे पंख दे कर तो देखो
ज़रा प्यार और सम्मान देके देखो
अपेक्षा के स्तर को कम करके देखो
परिवार का अंग बनके देखो
खुद बा खुद परिवार में घुल जायगी...
यह पक्का है ज़ायदा नहीं तो परिवार की ढाल तो बन ही
जाएगी... ... ।

अस्तित्व

कंधे पे एक हाथ रख...
बस यही कह पाती हूँ
साथ हूँ तेरी राह में
पर कभी वज़ूद को मत ललकारना ।

कशमकश है...!

मेरे इतने छोटे ख्वाब कि बहुत बड़ी कीमत मांग ली है।

भगवान ने मेरे कर्म इतने बुरे थे
आज मुझे मेरे साथी ने ही अपाहिज बना दिया
कौन-सी खुशियाँ मांग ली?
आज अपनों से ही बहुत दूर कर दिया
न घर का छोड़ा न घाट का, तन्हाइयों में सिर्फ दो आंसू
बहा लेती हूँ
अपनों के आडम्बर से घिर गयी
कभी मेरी खोखली हँसी पे तरस नहीं आता ?
आज भी अपनों के पास रहकर भटक जाती हूँ
अपने कौन होते है भगवान ?
बहुत ही नए अनुभव है कभी अकेले कभी साथ चलने के
क्या कीमत होती है ख़ुशी की?
एक ख़ुशी के मायने कितने होते किस अपनेपन के लिए
इतना कमजोर भी कोई नहीं होता पर बन जाते है
क्यों इतना मुश्किल है छोटी खुशियों को जीना
कितना आसान है दूसरों के समर्पण को प्रश्न करना ?
कैसे बहरूपिये दुर्गा माँ के सामने जा पाते?
क्यों अपने डर को नारी के पीछे से जीते है
ऊहापोह से निकलना बड़ी चुनौती है
क्या, क्यों, कब ?हमेशा ही सवाल है जब भी

पूछे जाएंगे
हम खुद पे ही उँगली उठ देंगे
नज़रअंदाज़ तो सदियों से हुए
जिसने चुनौती दी वो स्वय ही भस्म हो गया
चाहें सीता हो या द्रौपदी
यह न्याय अन्याय की लड़ाई नहीं,
मान कि बात है, नारी ही नारी कि दुश्मन है
इससे नहीं इंकार है पर पुरुषत्व कि ही चाल इसके
पीछे है।
इस सुन्दर सुशील नारी के मन में भी झाँका
होता तो नारी का कुछ और ही खांचा होता ।

गैरो की कतार

नहीं समझे इस जोड़ तोड़ को...
जिन्हें समझ थी, उन्होंने कौन से झंडे गढ़ दिए?
कमियों की फेहरिस्त तो दुनिया ने पकड़ा दी...
गैरो की कतार में लग गए
आज आप भी दुनिया का हिस्सा हो गए...।

निशब्द-आज

वो जज़्बाती लम्हें होते है, जब शब्द कम पड़ जाते है ।
सिर्फ गहरे एहसास में खुद को सँभालने का प्रयास
करते हुए ।

निशब्द सा होता जीवन रिश्तों में आती

खटास, मुश्किल में पड़ते बंधन

नासमझी की दीवार तारतार होती मर्यादा

जाने कौन सी है वो सोच

प्यार के बदलते मायने

अकलेपन सी आफत

दुनिया में दिखावे के रिश्ते

हँसी के पीछे छिपे गम

किसी की निगाह में काली बदली

प्यार में बेरुखी है, नज़र में बेदर्दी है

जाने किस दिशा में बन रहे या रिश्ते

पराये अपने है अपने पराये है

सिकुड़ते जीवन में लम्बी ख्वाइशे

जाने किसी दिशा के रिश्ते है

टूटने और दरकने के डर से खींचते रिश्ते है

कोई सहारा नहीं बड़े बदनसीब थे

बेआबरू हो कर ज़िन्दगी चलते रहे है

आज लुटने पर गुनहगार बने कटघरे में है

दूसरे की राह में काँटे बोते खुरपेज करते
निःशब्द से यह रिश्ते ।

❧

www.ingramcontent.com/pod-product-compliance
Lightning Source LLC
Chambersburg PA
CBHW020547160726
47991CB00002B/629